Birgit Holzer

Sachtexte lesen und verstehen – leicht gemacht

Differenzierte Kopiervorlagen zum Thema Tiere

Die Autorin: **Birgit Holzer** – studierte Grund- und Hauptschullehramt, langjährige Erfahrung in Klasse 1 bis 9, Schwerpunkt Grundschule.

Bereits erschienen: Lese-, Mal- und Schreibgeschichten im Jahreslauf (978-3-8344-**2294**-1)

Gedruckt auf umweltbewusst gefertigtem, chlorfrei gebleichtem und alterungsbeständigem Papier.

5. Auflage 2017

Illustrationen: Barbara Gerth-Mohr
Satz: MouseDesign Medien AG, Zeven

ISBN 978-3-8344-**3000**-7

www.persen.de

Inhaltsverzeichnis

Zu jedem Tier gibt es Texte in **zwei verschiedenen Schwierigkeitsstufen**:
Die mit A gekennzeichneten Texte (A 1) richten sich an Schülerinnen und Schüler, die auf dem Leseniveau der 1./2. Klasse sind, die mit B gekennzeichneten Texte (B 1) an Schülerinnen und Schüler, die auf dem Niveau der 3./4. Klasse sind.

Einleitung

„Die Lesefähigkeit ist die wichtigste Kompetenz für selbstständiges Lernen sowohl im Deutschunterricht als auch in den anderen schulischen Fächern.“ [1]

Schülerinnen und Schüler müssen in ihrer Schulzeit lernen, Texte unterschiedlicher Art gezielt zu nutzen, sie zu durchdringen und zu verarbeiten. Neben den grundlegenden Lesefertigkeiten muss daher auch das Leseverständnis auf vielfältige Weise gefördert werden. Beim Erwerb dieser beiden Kompetenzen spielt die Entwicklung von Lesemotivation eine bedeutende Rolle.

Daher sollte in jedem Klassenzimmer ein breites Bücher- und Textangebot vorliegen, das unterschiedliche Interessen der Kinder und unterschiedliche Lesefähigkeiten berücksichtigt.

Auch Sachtexte spielen bei dem Erwerb von Lesefertigkeit, -verständnis und -motivation eine große Rolle, da sie die Schülerinnen und Schüler bei der Vermehrung ihres eigenen Wissens besonders unterstützen. Zudem begleiten Sachtexte ein Schulkind bis zum Ende seiner Schullaufbahn.

Die hier vorliegenden Texte leisten einen Beitrag zur Förderung der oben genannten Bereiche: Lesefertigkeit, Leseverständnis und Lesemotivation.

Lesefertigkeit

Viele Studien und praktische Erfahrungen bescheinigen der „Silbenmethode“ sehr gute Ergebnisse (z. B. M. Kretschmann, H. Buschmann, Kieler Leseaufbau). Wörter werden in Silben getrennt, rhythmisch gesprochen, geklatscht, geschwungen, gelesen und geschrieben. Von Anfang an werden die Kinder dazu befähigt, Buchstaben in Silben zusammenzufassen und nicht Buchstabe an Buchstabe zu reihen. Das Lesen wird flüssig und das Schreiben im Silbentakt geregelt.

Alle Texte des vorliegenden Buches erscheinen daher in silbenweiser Einfärbung, d. h. die Silben sind abwechselnd schwarz und grau eingefärbt. Dies ermöglicht einen ungehinderten Lesefluss ohne störende Trennstriche oder Lücken zwischen den Silben.

Auch für Leserinnen und Leser im fortgeschrittenen Stadium ist es günstig, mit dem „Silbentrenner“ zu lesen, da die silbenweise Wahrnehmung beste Möglichkeiten bietet, flüssiges Lesen zu erlernen bzw. zu vervollkommnen.

Die Texte für Klasse 3/4 beinhalten längere und schwierigere Wörter. Durch den Silbentrenner gelingt es auch ungeübteren Leserinnen und Lesern, die Texte mit erfreulichem Lesefluss zu lesen.

---

[1] Bildungsplan Baden Württemberg 2004, S. 44.

Einleitung

Leseverständnis

„Beim Lesen muss sich das Kind für das Leseverstehen das, was allein durch Sprache gefasst und damit nicht unmittelbar sichtbar ist, vorstellen und rekonstruieren.“ [2]

Häufig trifft man in einer Klasse Kinder, die zwar flüssig und wortgenau lesen, den Sinn des Gelesenen aber nicht erfassen können. Eine andere Gruppe von Lesern liest flüssig, aber flüchtig. Sie lassen immer wieder Wörter oder Wortteile aus, verändern oder ergänzen sie. Diese Kinder erfassen den Sinn des Gelesenen meist weitgehend, aber nicht genau. Auch diesen Schülerinnen und Schülern müssen Übungsmöglichkeiten angeboten werden:

Bei den vorliegenden Texten müssen die Kinder Sprache in eigene Bilder umsetzen (A1-, B1-Textversionen). Dadurch wird für sie Sprache sichtbar und Gelesenes wird verstanden.

Als weitere Form der Förderung des Leseverstehens werden den Kindern Aussagen zum Text angeboten. Sie müssen entscheiden, ob diese Aussagen richtig oder falsch sind und dazu den Text immer wieder genau lesen (A2-, B2-Textversionen).

Lesemotivation

Alle Kinder lieben Tiere und interessieren sich für deren Lebensweise. Die Vorlieben für einzelne Tierarten sind individuell ausgeprägt, gemeinsame Lieblinge aber vorhanden. Für dieses Buch wurden sowohl heimische Tiere (Eichhörnchen, Maulwurf etc.) als auch exotische Tiere (Tiger, Koalabären etc.) ausgewählt.

Bei der Auseinandersetzung mit den Texten können die Kinder immer wieder über die Besonderheiten und die Einzigartigkeit der Tiere staunen. Achtung vor und Verantwortungsbewusstsein für Tiere werden angebahnt, der Tier- und Naturschutzgedanke wird gestärkt. Neben der Förderung der Lesefähigkeit eignen sich somit einige Texte auch für umfassendere Gespräche über artgerechte Tierhaltung oder die Bedrohung vieler Tierarten.

Zur Lesemotivation tragen die Texte nicht nur durch das Thema bei. Sie bieten viele weitere Gründe zur Steigerung der Lesefreude:

- kindgerechte, grafische Gestaltung
- übersichtliche, klare Einteilung der Texte
- überschaubare Bearbeitungsdauer
- immer wiederkehrende Elemente
- eindeutige Arbeitsaufträge
- individuelle ästhetische Ausgestaltung von Bildern

[2] von WEDEL-WOLFF, A.: Förderung des Leseverstehens. In: Praxis Grundschule 2002, Heft 3, S. 43–57.

Elefanten

Elefantenkinder leben mit ihren Müttern in großen Herden zusammen.

Die Männer leben allein oder zu zweit oder zu dritt.

Wenn ein Elefant verletzt ist, bilden die anderen einen Kreis.

Alle kümmern sich um das kranke Tier.

Ist das nicht toll?

 **Male!**

Die Elefantenmutter hat ein Baby bekommen.

Die Mutter hat zwei lange Stoßzähne.

Elefanten brauchen viel Futter. Male zwei Bäume mit grünen Blättern.

Zwischen den Bäumen ist überall Gras.

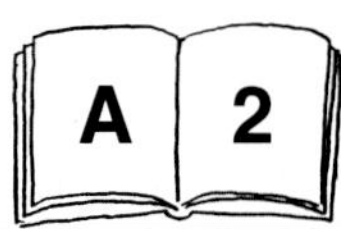

Elefanten

Elefanten sind die größten und schwersten Landtiere.

So ein Rüssel ist ein tolles Ding!

Der Elefant kann damit Früchte und Gräser pflücken.

Er kann Zweige und Rinde von Bäumen reißen.

Er saugt damit täglich eine ganze Badewanne voll Wasser auf.

Und natürlich ist so ein Rüssel eine prima Trompete!

Was stimmt? Kreuze an!

- ☐ Der Elefant ist das schwerste Landtier.
- ☐ Der Elefant braucht täglich viel Futter.
- ☐ Der Elefant braucht täglich Fleisch.
- ☐ Der Elefant frisst Gras, Blätter und Früchte.
- ☐ Mit seinem Rüssel sammelt der Elefant Futter.
- ☐ Mit seinem Rüssel holt der Elefant Wasser.
- ☐ Elefanten brauchen nicht viel Wasser.
- ☐ Elefanten trinken jeden Tag eine ganze Badewanne voll Wasser.
- ☐ Bei Gefahr kann der Elefant laut trompeten.

Elefanten

B 1

Elefantenkinder leben mit ihren Müttern in großen Herden zusammen.

Die älteste Elefantenkuh führt die Herde an.

Die Männer nennt man Elefantenbullen. Sie leben allein, zu zweit oder zu dritt.

Wenn ein Elefant verletzt ist, bilden die anderen einen schützenden Kreis und kümmern sich um das kranke Tier. Ist das nicht toll?

 **Male!**

Die Elefantenkuh hat ein Baby bekommen.

Das Elefantenbaby hat natürlich noch keine Zähne.

Aber die Mutter hat zwei lange Stoßzähne.

Elefanten brauchen viel Futter. Male verschiedene Bäume und Sträucher mit grünen Blättern. Zwischen den Bäumen ist überall saftiges Gras.

Elefanten

Elefanten leben in warmen Gebieten Afrikas und Asiens.

Sie sind die größten und schwersten Landtiere.

So ein Rüssel ist ein tolles Ding!

Der Elefant kann damit Früchte und Gräser pflücken

oder Zweige und Rinde von Bäumen reißen.

100 bis 300 Kilogramm Grünzeug verschlingt er jeden Tag!

In den Rüssel kann er Wasser einsaugen.

Elefanten trinken täglich etwa 100 Liter Wasser,

eine ganze Badewanne voll.

Mit ihrem Rüssel wittern Elefanten auch Gefahr.

Und dann ist so ein Rüssel natürlich eine prima Trompete!

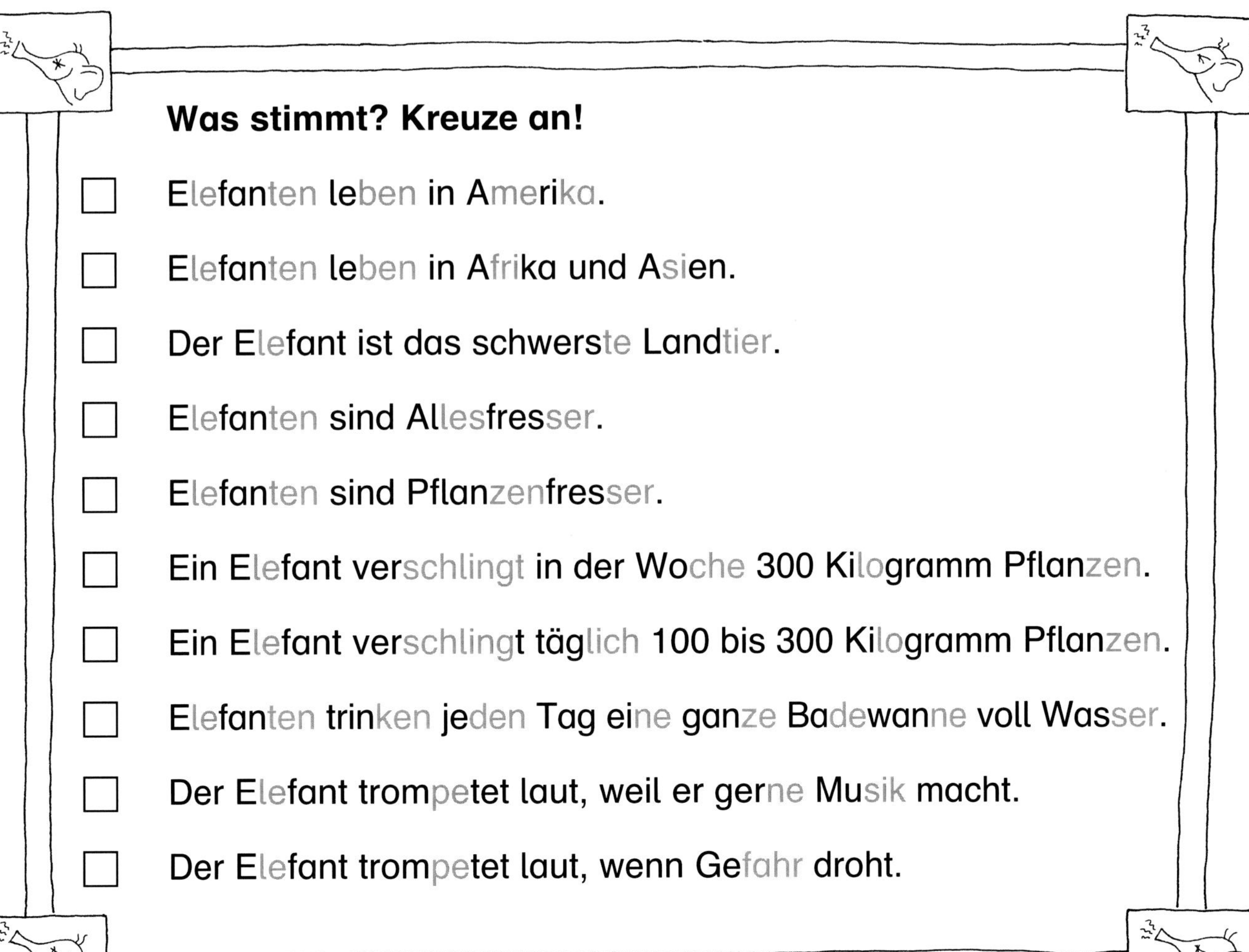

Was stimmt? Kreuze an!

- ☐ Elefanten leben in Amerika.
- ☐ Elefanten leben in Afrika und Asien.
- ☐ Der Elefant ist das schwerste Landtier.
- ☐ Elefanten sind Allesfresser.
- ☐ Elefanten sind Pflanzenfresser.
- ☐ Ein Elefant verschlingt in der Woche 300 Kilogramm Pflanzen.
- ☐ Ein Elefant verschlingt täglich 100 bis 300 Kilogramm Pflanzen.
- ☐ Elefanten trinken jeden Tag eine ganze Badewanne voll Wasser.
- ☐ Der Elefant trompetet laut, weil er gerne Musik macht.
- ☐ Der Elefant trompetet laut, wenn Gefahr droht.

Bären

A 1

Eisbären leben hoch im Norden im eisigen Schnee in der Arktis.

Von allen Bären ist der Eisbär der beste Schwimmer.

Pass auf, kleine Robbe! Gleich hat er dich erwischt!

 **Male!**

Der Eisbär steht auf einem Eisberg.

Überall ist blaues, kaltes Meer.

Im Meer schwimmt eine graue Robbe.

Unser Eisbär hat auch fünf Fische entdeckt.

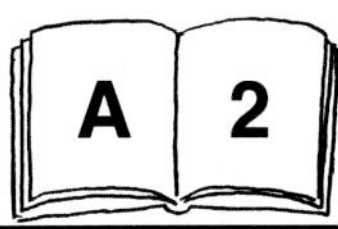

Bären

Bären gibt es fast überall auf der Erde.

Am eisigen Nordpol leben Eisbären.

In Nordamerika gibt es viele Braunbären.

Der schwarz-weiße Panda frisst nur Bambus-Blätter.

Aber die Menschen zerstören viele Bambuswälder.

Deshalb findet der große Panda fast kein Futter mehr.

Bären können sehr schnell rennen, gut klettern und sogar schwimmen.

Was stimmt? Kreuze an!

- ☐ Bären leben nur in Amerika.
- ☐ Bären leben fast überall auf der Welt.
- ☐ Am eisigen Nordpol leben Eisbären.
- ☐ Am eisigen Südpol leben keine Eisbären.
- ☐ Der große Panda frisst nur Bambus-Blätter.
- ☐ Der große Panda findet noch viel Futter.
- ☐ Bären sind dick und langsam.
- ☐ Bären können schnell rennen.
- ☐ Bären können nicht schwimmen.
- ☐ Bären können schwimmen.

Bären

B 1

Eisbären leben hoch im Norden auf eisigen Schneeflächen in der Arktis.

Eisbären rennen auf Schnee und Eis mit 40 Stundenkilometern hinter einer Robbe oder einem Rentier her.

Von allen Bären ist der Eisbär der beste Schwimmer.

Stell dir vor, er kann ohne Pause 95 Kilometer weit schwimmen!

 **Male!**

Der Eisbär steht auf einem Eisberg.

Um ihn herum ist blaues, kaltes Polarmeer mit einigen Eisschollen.

Unser mächtiges Raubtier hat seine Lieblingsbeute entdeckt: eine graue Robbe.

Außerdem schwimmen im Meer vier Lachse.

Das sind große, blaugraue Fische.

Bären

Bären gibt es fast überall auf der Erde.

Der Eisbär lebt im eisigen nördlichen Polargebiet.

Nordamerika ist die Heimat vieler Braunbären.

Braunbären sind Allesfresser. Sie überwintern in Höhlen.

Dort kommen auch zwei oder drei kleine Bärenkinder auf die Welt.

Der große Panda lebt in China und ernährt sich von Bambus-Blättern. Leider ist er fast ausgestorben, weil die Menschen viele Bambuswälder zerstören.

Mit ihrem dichten Fell sehen Bären lieb und gemütlich aus.

Doch Vorsicht! Bären können schnell rennen, klettern und auch schwimmen.

Ihre mächtigen Pranken mit den langen Krallen sind gefährliche Waffen.

Was stimmt? Kreuze an!

- ☐ Auf der Erde leben verschiedene Bärenarten.
- ☐ Eisbären gibt es im nördlichen Polargebiet.
- ☐ Eisbären gibt es im südlichen Polargebiet.
- ☐ Braunbären fressen nur Fleisch.
- ☐ Braunbären fressen Fleisch, Pflanzen, Früchte.
- ☐ Große Pandas gibt es überall auf der Welt.
- ☐ Große Pandas gibt es nur noch selten.
- ☐ Braunbären schlafen im Winter in Höhlen.
- ☐ Bären sind dick und deshalb langsam.
- ☐ Bären sind flink und kräftig.

Tiger

Es gibt immer weniger Tiger auf der Erde. Warum ist das so?

Die Menschen zerstören viele Wälder. Mit dem Wald sterben auch die Tiere im Wald. So findet der Tiger nicht mehr genug Nahrung.

Es gibt auch Menschen, die Tiger erschießen.

Zum Glück gibt es Umweltschützer. Sie versuchen, das Leben der Tiger zu retten!

 **Male!**

Das Fell des Tigers ist orange-braun. Die Streifen sind schwarz.

Male einen Dschungel mit Bäumen und hohen Gräsern.

Tiger leben gerne am Wasser.

Male einen blau-grünen Fluss in deinen Dschungel.

Tiger

Tiger gibt es in Asien.

Sie leben im Wald.

Hier jagen sie Hirsche und Wildschweine.

Tiger haben eine gute Tarnung. Ihre Streifen sehen aus wie Äste.

Oft ist ein Fluss in der Nähe.

Tiger baden nämlich gerne.

Leider sind schon viele Tigerarten ausgestorben.

Was stimmt? Kreuze an!

- ☐ Tiger leben in Amerika.
- ☐ Tiger leben in Asien.
- ☐ Tiger leben im Wald.
- ☐ Tiger leben auf der Wiese.
- ☐ Tiger jagen Wildschweine und Hirsche.
- ☐ Tiger jagen Mäuse und Schlangen.
- ☐ Tiger baden gerne.
- ☐ Tiger springen gerne durch Reifen.
- ☐ Tiger haben Streifen auf dem Fell.
- ☐ Tiger haben keine Streifen auf dem Fell.
- ☐ Viele Tigerarten sind schon ausgestorben.

Tiger

B 1

Dieses schöne Raubtier ist vom Aussterben bedroht.

Warum ist das so?

Die Menschen zerstören immer mehr Wälder. Mit dem Wald verschwinden auch die Tiere, die der Tiger als Nahrung braucht.

Obwohl es verboten ist, erschießen auch Wilderer die Tiger.

Zum Glück gibt es Umweltschützer, die das Leben des Tigers retten wollen.

 **Male!**

Das Fell des Tigers ist orange-braun. Die Streifen sind schwarz.

Male einen Dschungel mit Bäumen, Sträuchern und Gräsern.

Tiger leben gerne am Wasser.

Male einen blaugrünen Fluss in deinen Dschungel.

Gibt es in deinem Urwald auch noch andere Tiere?

Tiger

Tiger gibt es in Asien.

Am liebsten leben sie in dichten Wäldern.

Hier jagen sie Hirsche und Wildschweine.

Tiger haben eine perfekte Tarnung.

Im Wald sehen die Streifen auf ihrem Fell wie Äste aus.

Oft ist ein Fluss in der Nähe.

Tiger baden nämlich gerne.

Tiger leben alleine. Nur zur Paarung suchen sie ihre Artgenossen. Leider ist diese wunderschöne Katzenart vom Aussterben bedroht.

Was stimmt? Kreuze an!

- ☐ Tiger leben in Amerika.
- ☐ Tiger leben in Asien.
- ☐ Tiger mögen dichte Wälder.
- ☐ Tiger jagen Eidechsen und Schlangen.
- ☐ Tiger jagen Wildschweine und Hirsche.
- ☐ Tiger baden gerne.
- ☐ Tiger springen gerne durch brennende Reifen.
- ☐ Tiger leben in Herden zusammen.
- ☐ Tiger leben meistens alleine.
- ☐ Tiger müssen vor dem Aussterben geschützt werden.

Delfine

Warum springen Delfine?

Sie warnen damit andere Delfine vor Gefahr und

sie zeigen ihre Kraft oder locken Weibchen an.

Junge Delfine springen auch, wenn sie spielen.

 **Male!**

Ohne Flossen können Delfine nicht schwimmen und nicht springen.

Male dem Delfin seine Rückenflosse und seine Brustflossen.

Male das Meer blau.

Im Hintergrund ist ein braunes Boot mit einem weißen Segel.

Delfine

Delfine sind sehr klug.

Sie haben eine richtige Sprache.

Delfine lernen auch leicht Kunststücke.

Es ist lustig, diese Kunststücke im Zoo zu sehen.

Aber so ein Leben im Zoo ist für Delfine schlimme Tierquälerei,

denn die Becken sind oft viel zu klein für sie.

Delfine sind keine Fische. Sie sind Säugetiere.

Delfine müssen also immer wieder auftauchen, um zu atmen.

Was stimmt? Kreuze an!

- ☐ Delfine sind sehr kluge Tiere.
- ☐ Delfine können miteinander sprechen.
- ☐ Delfine können leicht Kunststücke lernen.
- ☐ Delfine fühlen sich im Zoo wohl.
- ☐ Das Leben im Zoo ist für Delfine eine schlimme Tierquälerei.
- ☐ Delfine sind Fische.
- ☐ Delfine sind keine Fische.
- ☐ Delfine sind Säugetiere.
- ☐ Delfine können im Wasser atmen.
- ☐ Delfine können im Wasser nicht atmen.

Delfine

B 1

Der Delfin hat eine ideale Körperform, um sich im Wasser schnell fortzubewegen. Mit seinem kräftigen Schwanz treibt er sich vorwärts. Zum Steuern benutzt er seine Brustflossen und seine Rückenflosse. Warum springen Delfine oft rasch hintereinander? Dadurch warnen sie ihre Artgenossen vor Gefahr. Sie zeigen damit auch ihre Kraft oder locken Weibchen an. Junge Delfine springen auch, wenn sie spielen.

Male!

Auf dem Bild siehst du einen springenden Delfin. Male den Delfin fertig. Achte gut auf die Form der Rückenflosse und der Brustflossen. Male das Meer blau. Im Hintergrund fährt ein Segelboot mit weißen Segeln. Wenn du magst, kannst du noch eine bunte Unterwasserlandschaft malen.

Delfine

Kein anderes Meerestier wird von Menschen so geliebt wie der Delfin.

Leider werden Delfine trotzdem gejagt, in großen Netzen gefangen und getötet.

Delfine sind sehr klug. Sie haben eine richtige Sprache.

Delfine erlernen leicht vielerlei Kunststücke.

Im Meerwasseraquarium kann man ihren Kunststücken zusehen.

Aber das Leben in Gefangenschaft ist eine schlimme Tierquälerei für die Tiere, denn im kleinen Becken haben sie nicht genug Platz.

Delfine sind keine Fische, sondern Säugetiere.

Das Delfinweibchen säugt das Junge sechzehn Monate lang.

Delfine haben keine Kiemen. Deshalb müssen sie immer wieder auftauchen, um Luft einzuatmen.

Was stimmt? Kreuze an!

- ☐ Viele Menschen lieben Delfine.
- ☐ Delfine sind sehr kluge Tiere.
- ☐ Delfine können miteinander sprechen.
- ☐ Delfine können leicht Kunststücke erlernen.
- ☐ Delfine fühlen sich im Meerwasseraquarium wohl.
- ☐ Das Leben im Aquarium ist für Delfine eine Tierquälerei.
- ☐ Delfine sind keine Fische, sondern Säugetiere.
- ☐ Das Delfinweibchen säugt das Junge über ein Jahr.
- ☐ Delfine haben Kiemen.
- ☐ Delfine können nur über Wasser atmen.

Pinguine

A 1

Diese Pinguine heißen Kaiser-Pinguine. Sie leben rund um den Südpol.

Das Weibchen legt mitten im eisigen Winter ein Ei.

Das Männchen nimmt das Ei in seine warme Bauchtasche und brütet es hier aus.

Das Küken bleibt zuerst in der warmen Bauchtasche des Vaters.

Bald bekommt es ein dichtes Federkleid.

 **Male!**

Das Federkleid dieser jungen Pinguine ist hellgrau.

Ihr Kopf ist schwarz und weiß. Der Schnabel ist grau.

Die Pinguine stehen auf weißem Schnee.

Der Himmel ist hellblau.

Pinguine

Pinguine sind tolle Vögel! Auch wenn sie nicht fliegen können.

Sie leben rund um den Südpol.

Und weil es dort so kalt ist, stehen sie ganz eng zusammen.

Das wärmt und schützt vor Feinden.

Pinguine können an Land nicht schnell laufen.

Aber sie können sehr gut schwimmen und tauchen.

Sie fangen Fische und kleine Krebse.

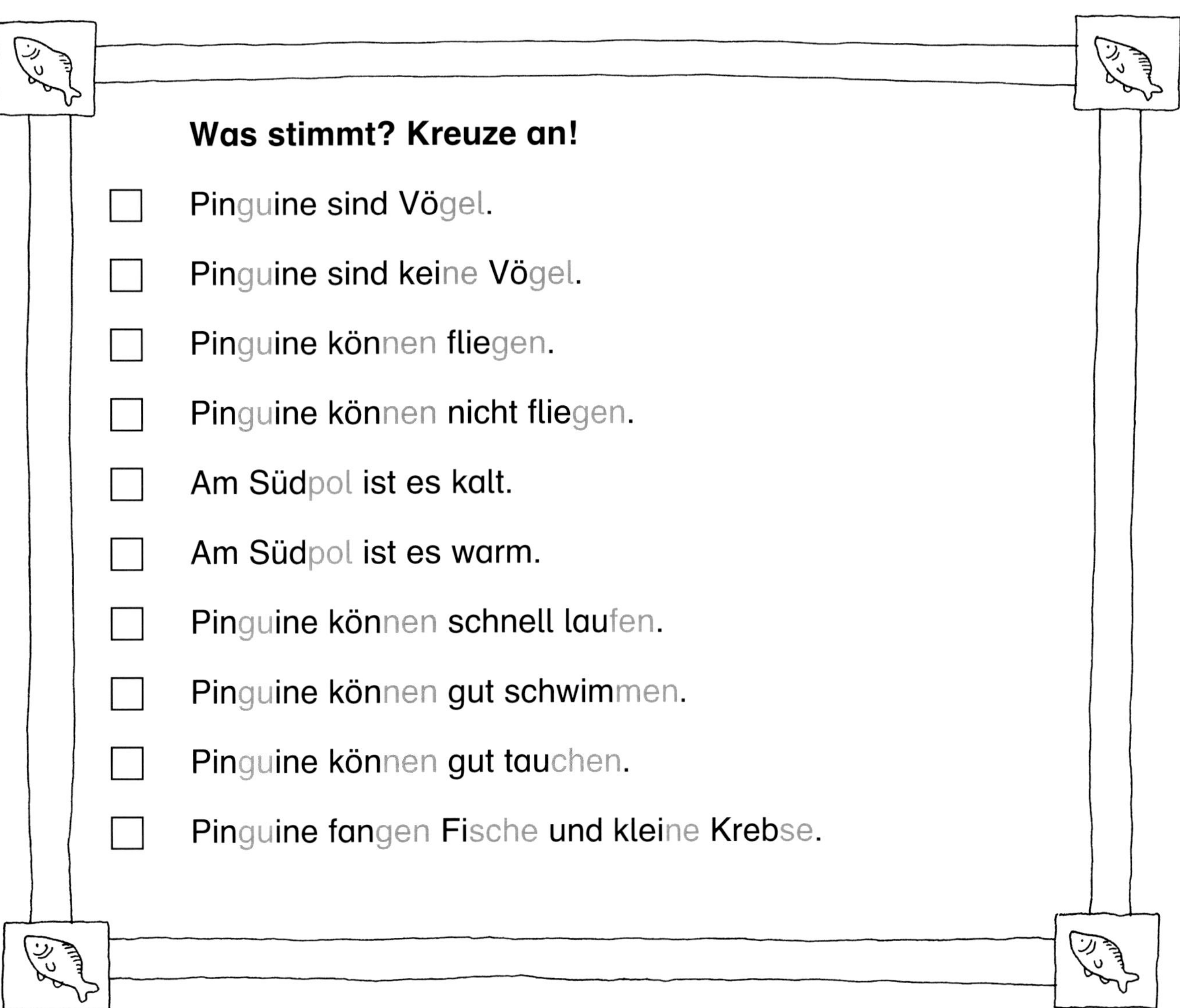

Was stimmt? Kreuze an!

☐ Pinguine sind Vögel.

☐ Pinguine sind keine Vögel.

☐ Pinguine können fliegen.

☐ Pinguine können nicht fliegen.

☐ Am Südpol ist es kalt.

☐ Am Südpol ist es warm.

☐ Pinguine können schnell laufen.

☐ Pinguine können gut schwimmen.

☐ Pinguine können gut tauchen.

☐ Pinguine fangen Fische und kleine Krebse.

Pinguine

Der Kaiser-Pinguin lebt rund um den Südpol, in der Antarktis.

Dort kann es bis zu minus 40 Grad kalt werden.

Das Weibchen des Kaiser-Pinguins legt mitten im eisigen Winter ein Ei.

Das Männchen nimmt das Ei in seine Bauchtasche und brütet es hier aus.

Das Küken bleibt zuerst in der warmen Bauchtasche des Vaters.

Bald bekommt es ein dichtes, wärmendes Federkleid.

Male!

Das Federkleid dieser jungen Pinguine ist hellgrau.

Ihr Kopf ist schwarz und weiß. Der Schnabel ist grau.

Der große Pinguin hat einen weißen Bauch und einen schwarzen Rücken.

Am Hals ist er orange-gelb. Auch sein Schnabel hat einen orange-gelben Streifen. Sein Kopf ist schwarz.

Die Pinguine stehen auf einer weißen Schneefläche.

Der Hintergrund ist hellblau.

Pinguine

Pinguine sind Vögel, obwohl sie nicht fliegen können.

Ihre Flügel benutzen sie zum Schwimmen.

Pinguine gibt es nur auf der Südhalbkugel der Erde.

Sie leben hauptsächlich im Wasser und mögen besonders

kalte Teile des Meeres. Ein dichtes Gefieder und

eine Speckschicht schützt sie vor der Kälte.

Pinguine sind schnelle Schwimmer und Taucher.

Mit ihrem kräftigen Schnabel erbeuten sie Fische, Tintenfische und Krebse.

Nur bei schweren Stürmen oder zum Brüten gehen Pinguine an Land.

Pinguine stehen oft ganz eng zusammen. Das wärmt und schützt vor Feinden.

Was stimmt? Kreuze an!

- ☐ Pinguine sind Vögel.
- ☐ Pinguine sind keine Vögel.
- ☐ Pinguine können mit den Flügeln fliegen.
- ☐ Pinguine mögen besonders kalte Teile des Meeres.
- ☐ Pinguine können gut schwimmen und tauchen.
- ☐ Pinguine fressen hauptsächlich Algen.
- ☐ Pinguine fressen Fische, Tintenfische und Krebse.
- ☐ Ein Gefieder und eine Speckschicht wärmen den Pinguin.
- ☐ Pinguine stehen eng zusammen, um sich zu wärmen.
- ☐ Pinguine können an Land schnell laufen.

Koalabären

Stell dir vor, bei der Geburt ist ein Koala

so winzig wie eine Bohne!

Schnell kriecht das Baby in den Beutel seiner Mutter.

Hier kann der kleine Koala Milch saugen und wachsen.

 **Male!**

Das Fell des Koalas ist grau.

Die Mutter und ihr Kind sitzen auf einem großen Baum.

Der Stamm und die Äste sind braun.

Die Blätter sind länglich und grün.

Koalabären

Der Koala ist kein Bär.

Er ist ein Beuteltier.

Das Koala-Baby kommt ganz, ganz winzig zur Welt.

Im Beutel der Mutter trinkt das Baby Milch.

Koalas können sehr gut klettern.

Die Heimat der Koalas ist Australien.

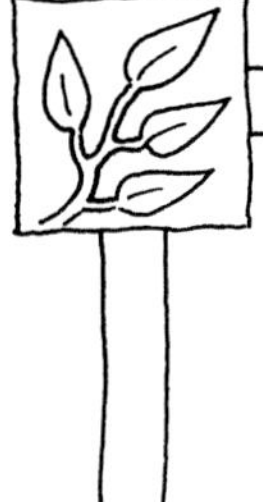

Was stimmt? Kreuze an!

- ☐ Der Koala ist ein Bär.
- ☐ Der Koala ist kein Bär.
- ☐ Der Koala ist ein Beuteltier.
- ☐ Das Koala -Baby kommt winzig klein zur Welt.
- ☐ Das Koala-Baby trinkt Milch im Beutel seiner Mutter.
- ☐ Koalas können sehr gut klettern.
- ☐ Koalas können nicht gut klettern.
- ☐ Koalas leben in Australien.
- ☐ Koalas leben in Afrika.

Koalabären

B 1

Stell dir vor, bei der Geburt ist ein Koala so winzig wie eine Bohne!

Das Baby hat aber schon kräftige Vorderpfoten und

kriecht von allein in den Beutel seiner Mutter.

Hier kann das Baby Milch saugen und wachsen.

Auch ein Junges, das den Beutel bereits verlassen hat,

wird noch von der Mutter betreut.

Zum Trinken darf das hungrige Kleine zurück in den Beutel.

 **Male!**

Das Fell des Koalas ist grau. Die Mutter und ihr Kind sitzen auf

einem großen Baum. Der Stamm, die Äste und Zweige sind braun.

Die Blätter sind länglich und grün.

Weißt du, wie der Baum heißt?

Es ist ein Eukalyptusbaum.

Koalabären

Der Koala ist kein Bär.

Er ist ein Beuteltier.

Beuteltiere gehören zu den Säugetieren.

Das Koala-Baby kommt winzig, blind und nackt zur Welt.

Es krabbelt in den Beutel der Mutter.

Dort findet das Baby eine Zitze mit Milch.

Hier wird das Koala-Baby fünf Monate lang gesäugt.

Koalas haben kräftige Vorderpfoten und sind sehr gute Kletterer. Die Heimat der Koalas ist Australien.

Hier leben auch andere Beuteltiere. Zum Beispiel das Känguru.

Koalas essen nur Blätter von Eukalyptus-Bäumen.

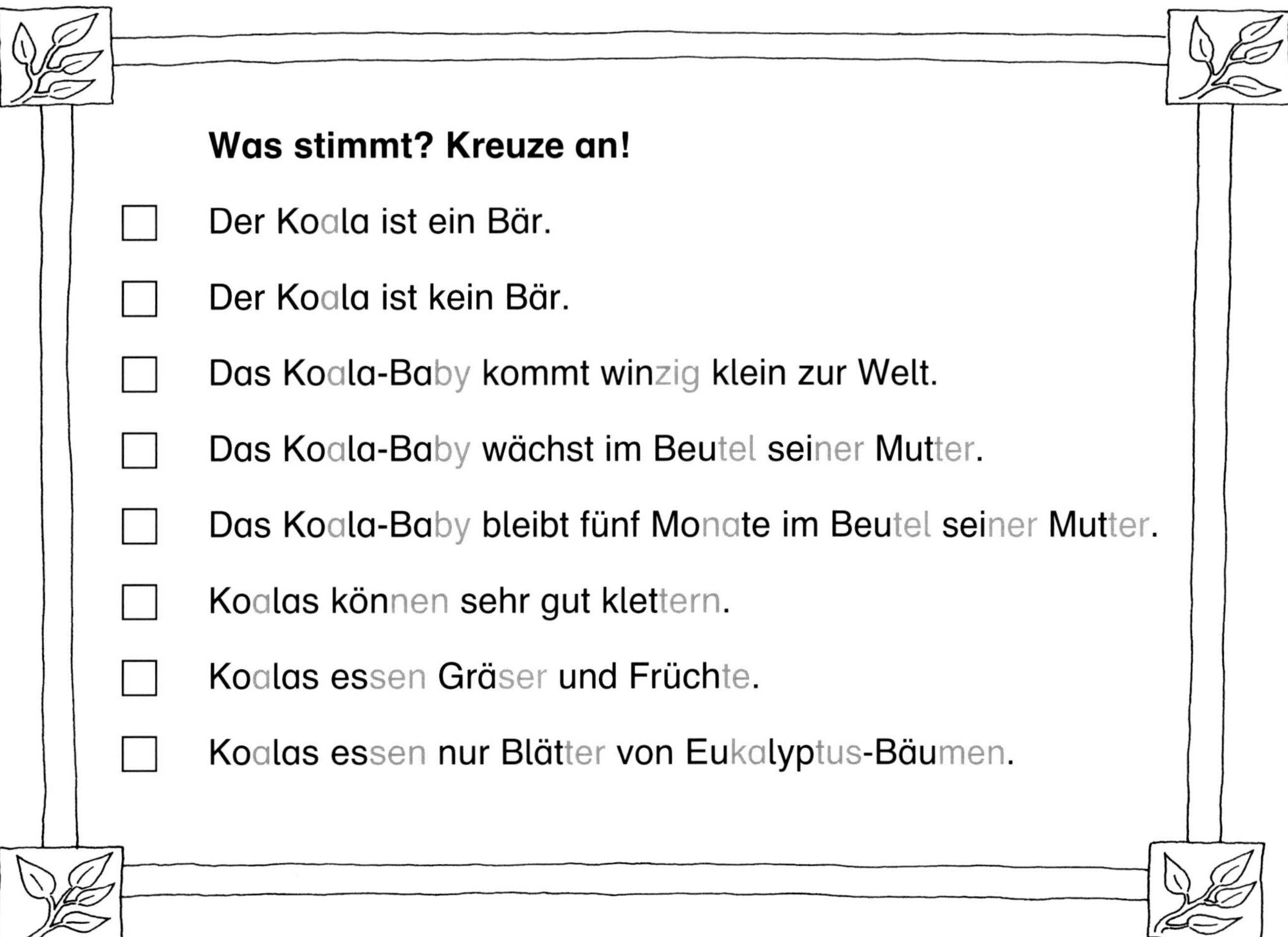

Was stimmt? Kreuze an!

- ☐ Der Koala ist ein Bär.
- ☐ Der Koala ist kein Bär.
- ☐ Das Koala-Baby kommt winzig klein zur Welt.
- ☐ Das Koala-Baby wächst im Beutel seiner Mutter.
- ☐ Das Koala-Baby bleibt fünf Monate im Beutel seiner Mutter.
- ☐ Koalas können sehr gut klettern.
- ☐ Koalas essen Gräser und Früchte.
- ☐ Koalas essen nur Blätter von Eukalyptus-Bäumen.

Eulen

Die Eule geht in der Nacht auf die Jagd.

Mit ihren Augen kann sie auch im Dunkeln gut sehen.

Mit ihren Ohren kann die Eule sogar ganz kleine Tiere hören.

 **Male!**

Es ist Nacht.

Am Himmel sehen wir Sterne und den Mond.

Die Eule sitzt auf einem Baum mit Ästen und Blättern.

Die Federn der Eule sind hellbraun und dunkelbraun.

Ihre Augen sind gelb.

Da ist eine kleine braune Maus! Ob die Eule ihre Beute erwischt?

Eulen

Eulen suchen ihre Nahrung in der Nacht.

Eulen können sehr gut hören.

Sie haben große Augen. Sie können nachts sehr gut sehen.

Weißt du was Eulen fressen?

Sie mögen Mäuse, Ratten und Insekten.

Die größte Eule ist der Uhu.

Er fängt auch Krähen, Hasen, Igel und Eichhörnchen.

Was stimmt? Kreuze an!

- ☐ Eulen schlafen in der Nacht.
- ☐ Eulen suchen in der Nacht nach Nahrung.
- ☐ Eulen fressen Früchte, Pilze und Kräuter.
- ☐ Eulen fressen Ratten, Mäuse und Insekten.
- ☐ Eulen können sehr gut hören.
- ☐ Eulen können sehr gut schwimmen.
- ☐ Eulen können nachts sehr gut sehen.
- ☐ Der Uhu ist eine kleine Eule.
- ☐ Der Uhu ist die größte Eule.
- ☐ Der Uhu frisst auch Blätter und Rinde.
- ☐ Der Uhu frisst auch Krähen und Hasen.

Eulen

B 1

Die Eule geht in der Nacht auf die Jagd. Mit ihren großen Augen kann sie auch im Dunkeln gut sehen.

Auch ihr Gehör ist hervorragend. Das Gefieder der Eule besteht aus besonders weichen Federn. So kann sie fast geräuschlos fliegen.

 **Male!**

Es ist Nacht. Am Himmel sehen wir Sterne und den Mond.

Die Eule sitzt auf einem Laubbaum mit Ästen, Zweigen und Blättern.

Das Gefieder der Eule ist hellbraun und dunkelbraun.

Ihre großen Augen sind gelb.

Die Eule hat eine braune Maus entdeckt. Ob sie ihre Beute erwischt?

Eulen

Bei uns gibt es verschiedene Eulenarten.

Eulen suchen ihre Nahrung in der Nacht, denn Eulen haben ein hervorragendes Gehör und Augen, die auch im Dunkeln sehen können.

Mit ihrem weichen Gefieder können sie fast geräuschlos fliegen.

Und was jagen Eulen? Sie mögen Mäuse, Ratten, kleine Vögel und Insekten.

Die größte Eulenart ist der Uhu. Er fängt auch Frösche, Eidechsen, Hasen, Igel und Eichhörnchen.

Eulen bauen kein eigenes Nest. Sie legen ihre Eier auf eine passende Unterlage oder in alte Nester von anderen Vögeln.

Einige Eulenarten sind leider fast ausgestorben.

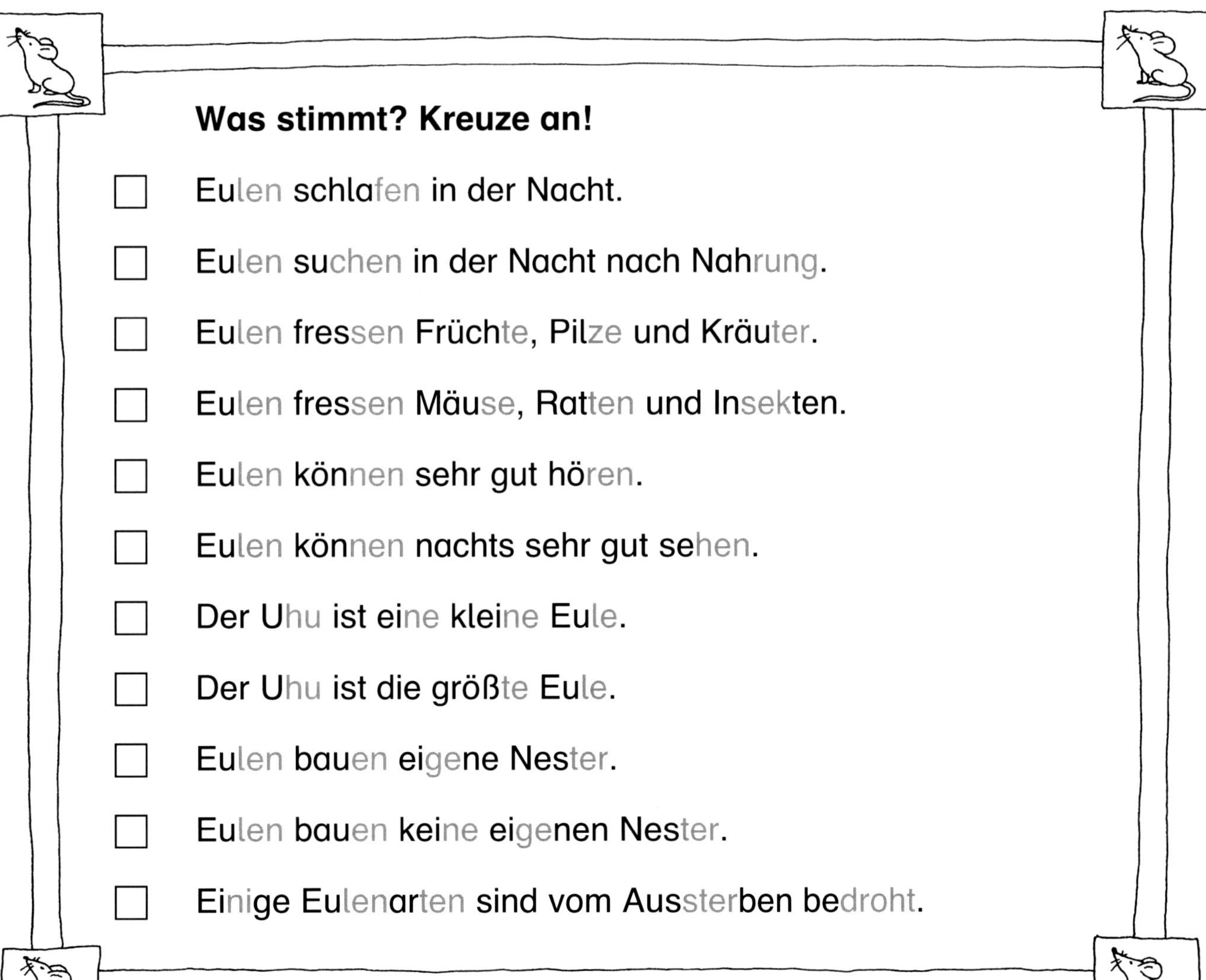

Was stimmt? Kreuze an!

- ☐ Eulen schlafen in der Nacht.
- ☐ Eulen suchen in der Nacht nach Nahrung.
- ☐ Eulen fressen Früchte, Pilze und Kräuter.
- ☐ Eulen fressen Mäuse, Ratten und Insekten.
- ☐ Eulen können sehr gut hören.
- ☐ Eulen können nachts sehr gut sehen.
- ☐ Der Uhu ist eine kleine Eule.
- ☐ Der Uhu ist die größte Eule.
- ☐ Eulen bauen eigene Nester.
- ☐ Eulen bauen keine eigenen Nester.
- ☐ Einige Eulenarten sind vom Aussterben bedroht.

Fische

Fische schwimmen mit Hilfe ihrer Flossen.

Mit der Schwanzflosse kann der Fisch sich schnell vorwärtsbewegen.

Die anderen Flossen sorgen dafür,

dass der Fisch nach rechts und links schwimmen kann

und dass er nicht umkippt.

 **Male!**

In diesem Meer gibt es prächtig gefärbte Fische.

Male sie ganz bunt an. Male die Korallen rot an.

Male noch ein paar Wasserpflanzen mit grün und orange.

Kannst du auch einen Seestern malen?

Fische

Alle Fische leben im Wasser.

Sie leben im Fluss, im See oder im Meer.

Fische atmen mit Kiemen.

Alle Fische haben Flossen und können natürlich toll schwimmen.

Fische können hören und sehen, riechen und schmecken.

Fische fressen allerlei Tiere und Pflanzen.

Fische legen viele, viele kleine Eier.

Aus den Eiern schlüpfen die Jungen.

Was stimmt? Kreuze an!

- ☐ Manche Fische leben im Wald.
- ☐ Alle Fische leben im Wasser.
- ☐ Fische riechen mit Kiemen.
- ☐ Fische atmen mit Kiemen.
- ☐ Fische müssen zum Schwimmkurs gehen.
- ☐ Fische können gut schwimmen.
- ☐ Fische können nicht hören.
- ☐ Fische können hören und sehen, riechen und schmecken.
- ☐ Fische fressen verschiedene Tiere und Pflanzen.
- ☐ Fische legen viele kleine Eier.

Fische

B 1

Fische schwimmen mit Hilfe ihrer Flossen, das weiß jeder.

Die Flossen haben aber verschiedene Aufgaben:

Mit der Schwanzflosse kann der Fisch sich schnell vorwärtsbewegen.

Mit den Brustflossen und den Bauchflossen steuert der Fisch nach rechts und links. Die Rückenflosse und die Afterflosse verhindern, dass der Fisch umkippt.

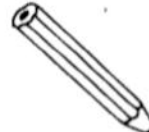 **Male!**

In diesem Meer gibt es prächtig gefärbte Fische. Male sie mit verschiedenen Farben an. Male noch mindestens einen Fisch dazu.

Male die Korallen rot an, und male einige Wasserpflanzen mit grün und orange.

Male einen Seestern mit fünf Armen.

Kannst du noch ein anderes Meerestier malen?

Fische

Fische leben in Bächen, Flüssen, Seen oder im Meer.

Fische haben keine Lunge, sondern sie atmen durch Kiemen.

Mit ihren verschiedenen Flossen können sich Fische geschickt fortbewegen.

Fische haben ihre Ohren im Inneren des Kopfes.

Sie können hören, sehen, riechen und schmecken.

Außerdem haben sie noch das „Seitenlinienorgan“, mit dem sie auch bei Dunkelheit Hindernisse spüren können.

Fische ernähren sich von allerlei Tieren und Pflanzen.

Raubfische erbeuten auch andere Fische.

Die meisten Fische legen eine Unmenge kleiner Eier.

Manche Arten lassen diesen Laich einfach im Meer treiben. Andere Arten bauen Nester und kümmern sich um die Eier, bis die Jungen geschlüpft sind.

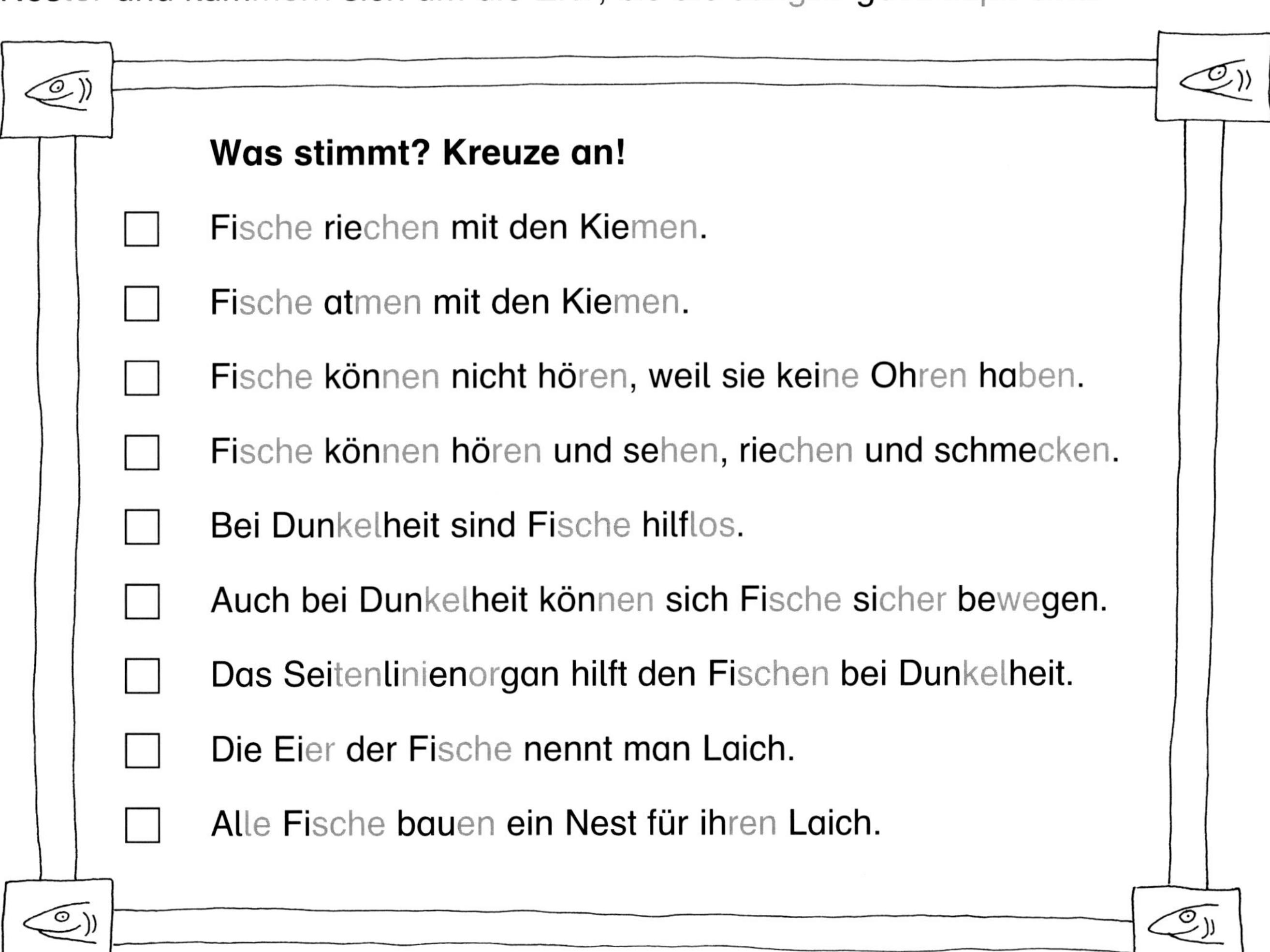

Was stimmt? Kreuze an!

- ☐ Fische riechen mit den Kiemen.
- ☐ Fische atmen mit den Kiemen.
- ☐ Fische können nicht hören, weil sie keine Ohren haben.
- ☐ Fische können hören und sehen, riechen und schmecken.
- ☐ Bei Dunkelheit sind Fische hilflos.
- ☐ Auch bei Dunkelheit können sich Fische sicher bewegen.
- ☐ Das Seitenlinienorgan hilft den Fischen bei Dunkelheit.
- ☐ Die Eier der Fische nennt man Laich.
- ☐ Alle Fische bauen ein Nest für ihren Laich.

Eichhörnchen

A 1

Es ist Herbst. Bald kommt der Winter.

Für den langen Winter vergräbt das Eichhörnchen Vorräte.

Weißt du, was das Eichhörnchen alles frisst und versteckt?

 **Male!**

Das Eichhörnchen sitzt auf einem großen, braunen Ast.

Am Ast sind gelbe Blätter.

Das Fell des Eichhörnchens ist rotbraun.

In seinen Vorderpfoten hält es eine braune Nuss.

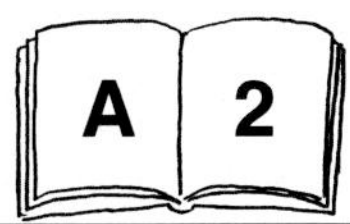

Eichhörnchen

Das Eichhörnchen lebt auf Bäumen.

Mit seinen Vorderpfoten kann das Eichhörnchen sein Futter gut festhalten.

Es frisst Nüsse, Eicheln, Samen und Beeren.

Im Herbst vergräbt das Eichhörnchen Vorräte für den Winter.

Im Winter schläft das Eichhörnchen lange in seinem Nest.

Was stimmt? Kreuze an!

- ☐ Das Eichhörnchen lebt auf der Wiese.
- ☐ Das Eichhörnchen lebt auf Bäumen.
- ☐ Das Eichhörnchen kann gut klettern.
- ☐ Mit den Vorderpfoten hält es sein Futter.
- ☐ Das Eichhörnchen frisst Nüsse und Beeren.
- ☐ Das Eichhörnchen frisst Gräser und Wurzeln.
- ☐ Im Frühling sammelt das Eichhörnchen Vorräte für den Winter.
- ☐ Im Herbst sammelt das Eichhörnchen Vorräte für den Winter.
- ☐ Das Eichhörnchen schläft im Winter lange in seinem Nest.

Eichhörnchen

Es ist Herbst. Das Eichhörnchen bereitet sich auf den nächsten Winter vor.

Das Eichhörnchen frisst sich eine dicke Speckschicht an.

Für die kalte Jahreszeit vergräbt es auch Vorräte an verschiedenen Stellen.

Weißt du, was das Eichhörnchen alles frisst und versteckt?

 **Male!**

Das Eichhörnchen sitzt auf dem Ast einer mächtigen Eiche.

An den Zweigen sind nur noch wenige Blätter. Sie sind schon braun.

Vergiss die Eicheln nicht!

Das Fell des Eichhörnchens ist rotbraun.

In seinen Vorderpfoten hält es eine braune Eichel.

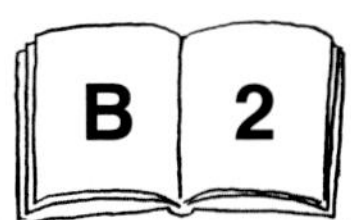

Eichhörnchen

Mit seinen kräftigen Hinterbeinen und seinem buschigen Schwanz kann das Eichhörnchen geschickt von Baum zu Baum springen.

Seine Vorderpfoten haben bewegliche Finger.

So kann das Eichhörnchen seine Nahrung gut festhalten.

Mit seinem kräftigen Nagergebiss kann es harte Nüsse knacken und gut Eicheln, Samen aus Fichtenzapfen und Beeren fressen.

Manchmal stiehlt es auch Vogeleier.

Im Herbst vergräbt das Eichhörnchen Vorräte.

Im Winter ist sein Schlafplatz der Kobel.

So heißt das Nest des Eichhörnchens.

Was stimmt? Kreuze an!

- ☐ Das Eichhörnchen kann gut klettern und springen.
- ☐ Seine Vorderpfoten helfen ihm beim Springen.
- ☐ Seine Hinterbeine helfen ihm beim Springen.
- ☐ Das Eichhörnchen hat einen buschigen Schwanz.
- ☐ Das Eichhörnchen frisst Nüsse und Beeren.
- ☐ Das Eichhörnchen frisst Gräser und Wurzeln.
- ☐ Manchmal stiehlt das Eichhörnchen Vogeleier.
- ☐ Im Frühling sammelt das Eichhörnchen Vorräte für den Winter.
- ☐ Im Herbst sammelt das Eichhörnchen Vorräte für den Winter.
- ☐ Den Schwanz des Eichhörnchens nennt man Kobel.
- ☐ Das Nest des Eichhörnchens nennt man Kobel.

Maulwürfe

Hast du schon einmal einen lebendigen Maulwurf gesehen?

Wahrscheinlich nicht.

Denn der Maulwurf lebt unter der Erde.

Dort gräbt er seinen Bau.

Seine Vorderfüße nimmt er als Schaufel.

 **Male!**

Auf einer Wiese sind fünf Maulwurfshügel.

Der Maulwurf hat an seinen breiten Vorderfüßen fünf kräftige Krallen.

Sein Fell ist schwarz.

Gleich wird der Maulwurf zwei leckere Regenwürmer erwischen.

Maulwürfe

Zeige auf deinem Lineal 13 Zentimeter!

So klein ist ungefähr ein Maulwurf.

Der Maulwurf hat breite Vorderfüße mit kräftigen Krallen.

Mit diesen Schaufeln kann er unter der Erde seinen Bau graben.

Seine Ohren stehen nicht ab.

So kann er gut durch enge Gänge kriechen.

Seine Augen sind winzig.

Er findet seine Nahrung mit seiner langen Nase.

Der Maulwurf frisst Regenwürmer, Schnecken und Tausendfüßler.

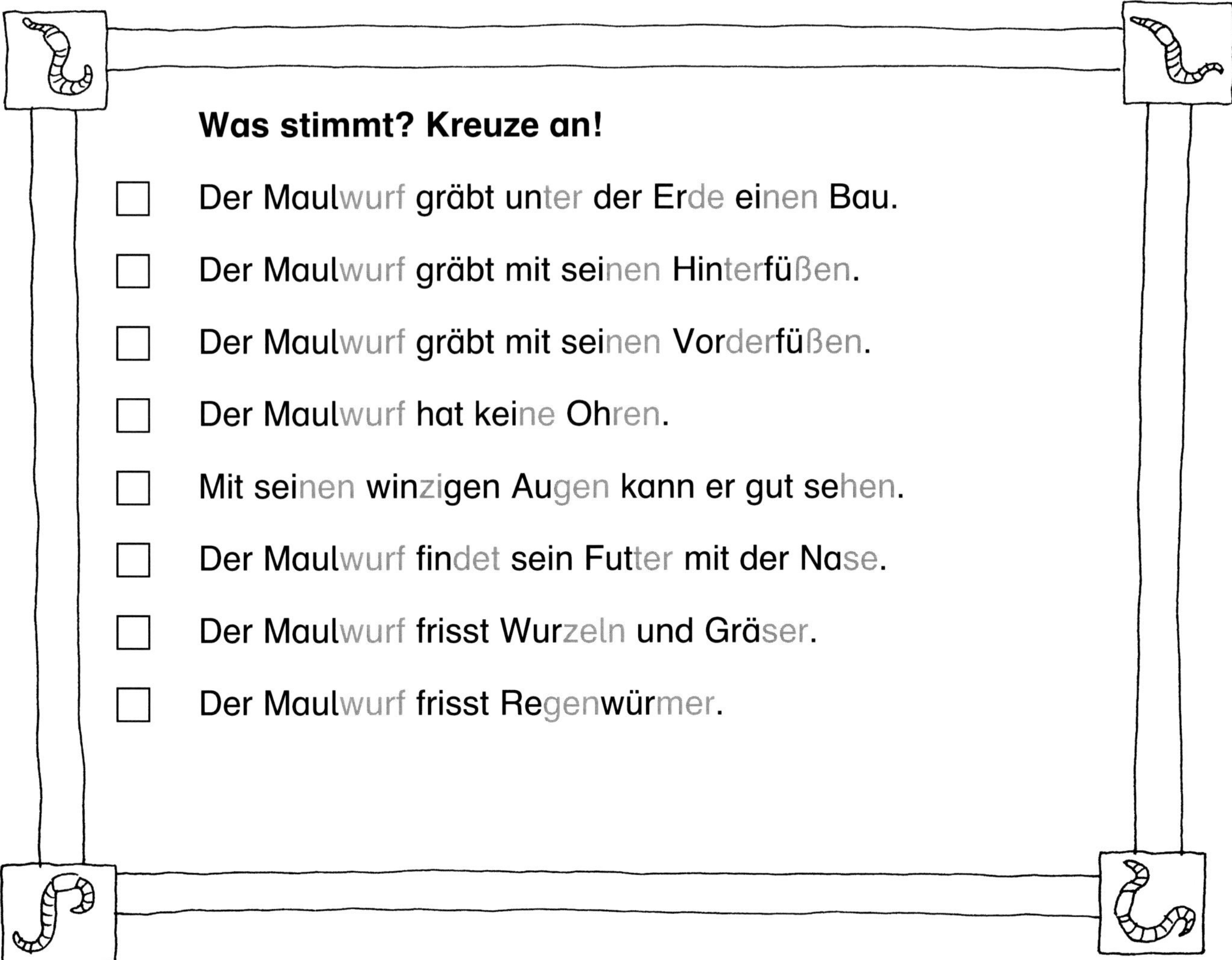

Was stimmt? Kreuze an!

- ☐ Der Maulwurf gräbt unter der Erde einen Bau.
- ☐ Der Maulwurf gräbt mit seinen Hinterfüßen.
- ☐ Der Maulwurf gräbt mit seinen Vorderfüßen.
- ☐ Der Maulwurf hat keine Ohren.
- ☐ Mit seinen winzigen Augen kann er gut sehen.
- ☐ Der Maulwurf findet sein Futter mit der Nase.
- ☐ Der Maulwurf frisst Wurzeln und Gräser.
- ☐ Der Maulwurf frisst Regenwürmer.

Maulwürfe

Hast du schon einmal einen lebenden Maulwurf gesehen?

Wahrscheinlich nicht. Denn der Maulwurf lebt in seinem Bau unter der Erde.

Seine breiten Vorderfüße nimmt er als Schaufel.

Sein samtweiches Fell hat „keinen Strich“,

das bedeutet, man kann es vorwärts und rückwärts streichen.

So kann der Maulwurf in seinen engen Gängen

auch rückwärtslaufen!

 **Male!**

Auf einer Wiese sind fünf Maulwurfshügel.

Der Maulwurf hat an seinen breiten Vorderfüßen fünf kräftige Krallen.

Sein Fell ist schwarz. Mit seiner rüsselförmigen Nase

hat der Maulwurf zwei leckere Regenwürmer erschnüffelt.

Maulwürfe

Schätze die Größe eines Maulwurfes!

Nur ungefähr 13 Zentimeter groß ist ein Maulwurf.

Hast du gut geschätzt?

Das kleine Tier kann erstaunliche Dinge:

Der Maulwurf hat breite Vorderfüße mit kräftigen Krallen.

Mit diesen Grabschaufeln gräbt er unter der Erde einen Bau mit langen Gängen.

Es gibt einen Vorratsraum für Würmer, und im Wohnkessel kommen die Jungen zur Welt.

Der Maulwurf hat Ohren, die nicht abstehen, und nur winzige Augen.

Mit seiner rüsselförmigen Nase kann er seine Nahrung erschnüffeln.

Der Maulwurf ernährt sich von Regenwürmern, Schnecken, Insektenlarven und Tausendfüßlern.

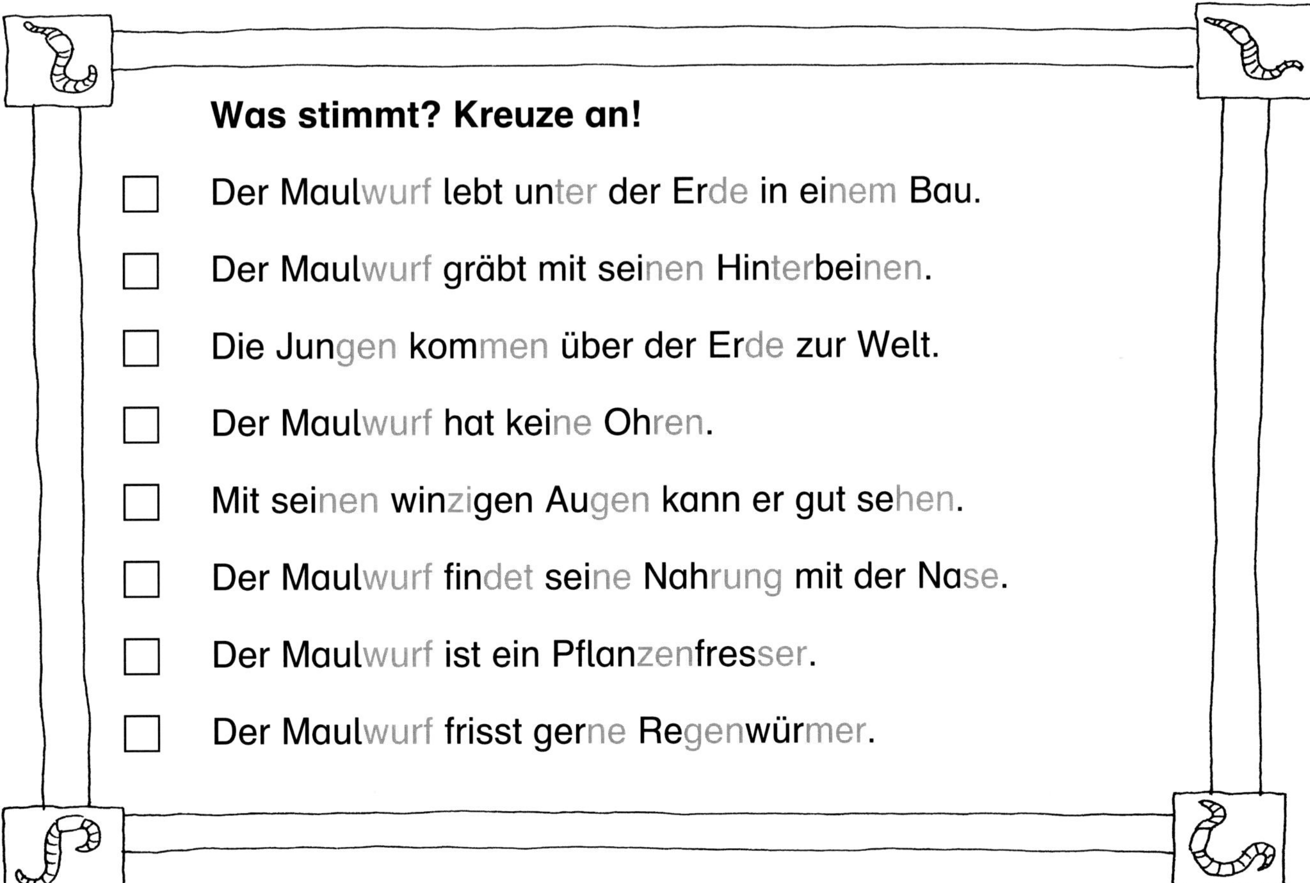

Was stimmt? Kreuze an!

- ☐ Der Maulwurf lebt unter der Erde in einem Bau.
- ☐ Der Maulwurf gräbt mit seinen Hinterbeinen.
- ☐ Die Jungen kommen über der Erde zur Welt.
- ☐ Der Maulwurf hat keine Ohren.
- ☐ Mit seinen winzigen Augen kann er gut sehen.
- ☐ Der Maulwurf findet seine Nahrung mit der Nase.
- ☐ Der Maulwurf ist ein Pflanzenfresser.
- ☐ Der Maulwurf frisst gerne Regenwürmer.

Igel

A 1

Im Frühling erwacht der Igel aus seinem Winterschlaf.

Im Sommer paart sich der Igel. Igelkinder kommen zur Welt.

Im Herbst frisst der Igel viel. Er bekommt ein dickes Fettpolster.

Im Winter sucht der Igel ein Versteck. Er hält einen langen Winterschlaf.

 **Male!**

Es ist Herbst:

Male zwei Bäume. Ein Baum hat hellbraune Blätter.

Die Blätter des anderen Baumes sind gelb.

Ein Igel sucht Futter. Im Gras findet er drei braune Schnecken,

zwei schwarze Käfer und vier Regenwürmer.

A 2

Igel

Igel leben auf der Wiese, am Waldrand und im Garten.

Aber einen Garten, in dem Gift gespritzt wird,

mag der Igel nicht!

Das Lieblingsessen des Igels sind Schnecken.

Er frisst auch Würmer, Insekten und Obst.

Bei Gefahr rollt sich der Igel zur Kugel zusammen.

So schützen ihn seine Stacheln vor Feinden.

Nur vor Autos kann sich der Igel nicht schützen!

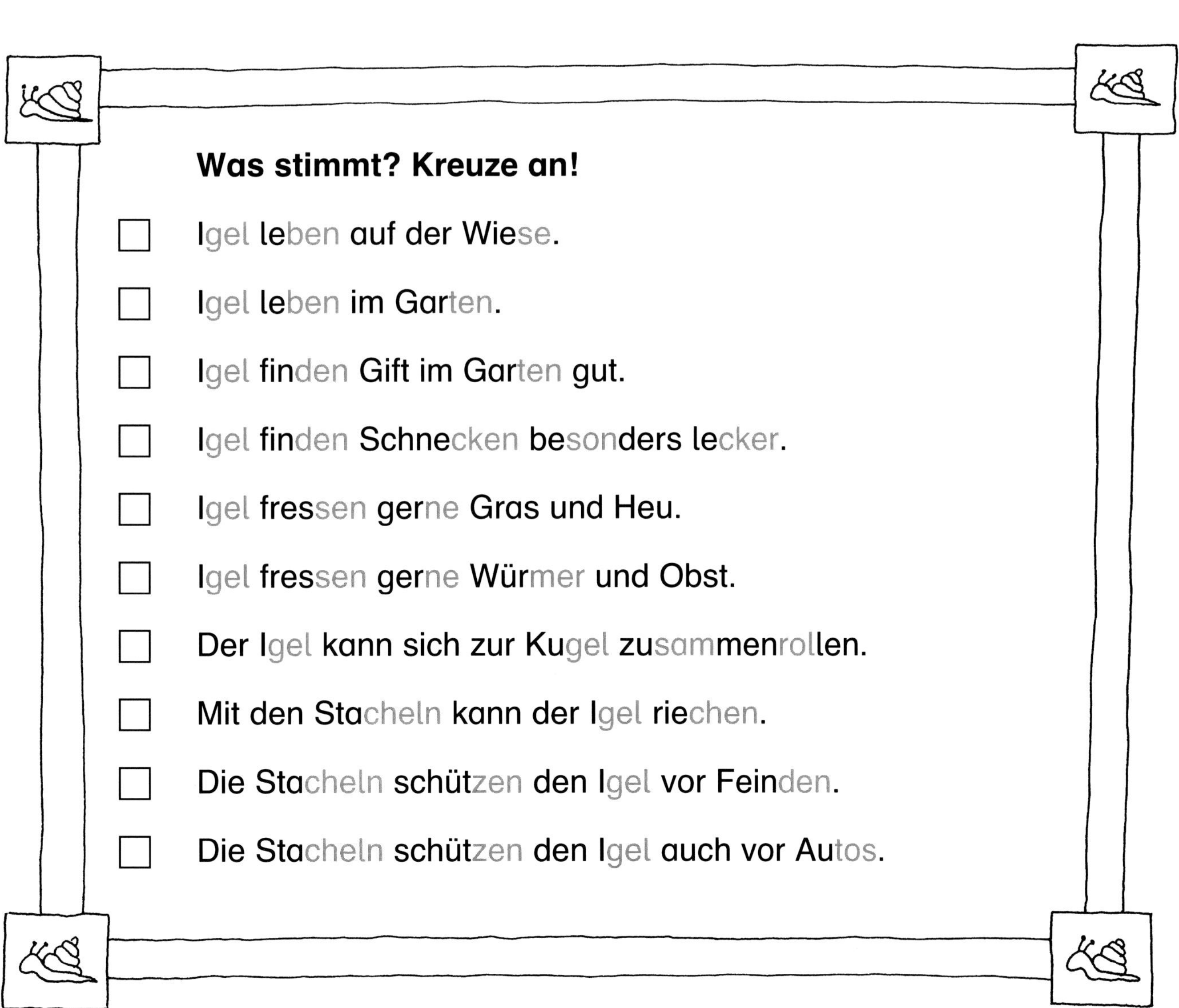

Was stimmt? Kreuze an!

- ☐ Igel leben auf der Wiese.
- ☐ Igel leben im Garten.
- ☐ Igel finden Gift im Garten gut.
- ☐ Igel finden Schnecken besonders lecker.
- ☐ Igel fressen gerne Gras und Heu.
- ☐ Igel fressen gerne Würmer und Obst.
- ☐ Der Igel kann sich zur Kugel zusammenrollen.
- ☐ Mit den Stacheln kann der Igel riechen.
- ☐ Die Stacheln schützen den Igel vor Feinden.
- ☐ Die Stacheln schützen den Igel auch vor Autos.

Igel

Im Frühling erwacht der Igel aus seinem Winterschlaf. Im Sommer paart sich der Igel. Bald kommen Igelkinder zur Welt. Die Jungen werden von der Igelmutter mit Igelmilch gesäugt und wachsen schnell. Im Herbst frisst der Igel viel. Er braucht eine dicke Fettschicht für den Winter. Ab Anfang November sucht der Igel ein Versteck. Dort hält er einen langen Winterschlaf. Dabei verliert der Igel viel Gewicht.

 **Male!**

Heute ist ein sonniger Herbsttag. Male zwei Bäume. Ein Baum hat hellbraune Blätter. Die Blätter des anderen Baumes sind gelb. Der Igel ist auf Futtersuche. Im Gras findet er drei braune Schnecken, zwei schwarze Käfer und vier Regenwürmer.

Igel

Igel leben auf der Wiese, in der Hecke, am Waldrand, im Park und im Garten. Aber einen Garten, in dem Gift gespritzt wird, mag der Igel nicht!

Das Lieblingsessen des Igels sind Schnecken. Igel fressen auch Würmer und Insekten, Obst und Beeren. Da er also viele Schädlinge im Garten vertilgt, ist der Igel sehr nützlich.

Sein dichtes Stachelkleid besteht aus ungefähr 16 000 Stacheln.

Bei Gefahr rollt sich der Igel zur Kugel zusammen.

So schützen ihn seine Stacheln vor Feinden.

Nur vor Autos kann sich der Igel leider nicht schützen!

Was stimmt? Kreuze an!

- ☐ Igel leben am Waldrand und auf der Wiese.
- ☐ Igel leben im Park und im Garten.
- ☐ Igel finden Gift im Garten gut.
- ☐ Igel finden Schnecken besonders lecker.
- ☐ Igel fressen gerne Gras und Heu.
- ☐ Igel fressen gerne Würmer, Beeren und Obst.
- ☐ Igel sind Schädlinge im Garten.
- ☐ Igel sind nützlich, weil sie Schädlinge fressen.
- ☐ Igel haben ungefähr zwanzig Stacheln.
- ☐ Igel haben ein dichtes Stachelkleid.
- ☐ Die Stacheln schützen den Igel vor Feinden.
- ☐ Die Stacheln schützen den Igel auch vor Autos.

Fledermäuse

A 1

Wenn es dunkel wird, sucht die Fledermaus Futter.

Fledermäuse fangen Mücken, Fliegen, Käfer und Nachtfalter.

Sogar bei völliger Dunkelheit finden sie ihre Beute.

Wie die Fledermaus das wohl schafft?

Male!

Es ist Nacht.

Der Körper der Fledermaus ist hellbraun.

Male die Flughaut nur ganz leicht an.

Die Fledermaus hat längliche Ohren. Ihre Augen sind sehr klein.

Ein Nachtfalter ist unterwegs. Er hat einen braunen Körper und vier gelbliche Flügel.

Fledermäuse

Fledermäuse sehen aus wie Mäuse, sind aber keine!

Fledermäuse sind fliegende Säugetiere.

Fledermäuse sind Nachttiere.

Sie fangen verschiedene Insekten.

Im Winter schlafen Fledermäuse in Höhlen.

Dort bleiben sie bis zum Frühling.

Wie schläft eine Fledermaus?

Richtig, mit dem Kopf nach unten.

Was stimmt? Kreuze an!

- ☐ Fledermäuse sind fliegende Mäuse.
- ☐ Fledermäuse sind Vögel.
- ☐ Fledermäuse sind Säugetiere, die fliegen können.
- ☐ Fledermäuse gehen nachts auf die Jagd.
- ☐ Fledermäuse fressen Gras und Blätter.
- ☐ Fledermäuse fressen Insekten.
- ☐ Auch im Winter ist die Fledermaus wach.
- ☐ Im Winter schläft die Fledermaus in einer Höhle.
- ☐ Fledermäuse schlafen in einem Bett aus Heu.
- ☐ Fledermäuse schlafen mit dem Kopf nach unten.

Fledermäuse

B 1

Wenn es dunkel wird, gehen Fledermäuse auf Futtersuche. Sie fangen Mücken, Fliegen, Käfer und Nachtfalter. Wie aber finden Fledermäuse ihre Beute? Sie stoßen Rufe aus, die wir Menschen nicht hören können. Treffen diese Rufe auf eine Beute, dann kehren sie als Echo zurück. Mit ihren ganz besonderen Ohren kann die Fledermaus diese Echo-Schallwellen hören. Auf diese Weise kann die Fledermaus auch bei völliger Dunkelheit Hindernissen ausweichen.

 **Male!**

Es ist Nacht. Der Körper der Fledermaus ist oben braun. Auf der Unterseite ist er etwas heller. Male die Flughaut nur ganz leicht an. Die Fledermaus hat längliche Ohren. Ihre Augen sind sehr klein. Ein Nachtfalter ist unterwegs. Er hat einen braunen Körper und vier gelbliche Flügel.

Fledermäuse

Fledermäuse sind seltsame Tiere.

Sie sind keine Mäuse und keine Vögel.

Fledermäuse sind die einzigen Säugetiere, die fliegen können.

Fledermäuse sind Nachttiere. Nachts fangen sie verschiedene Insekten.

Vor dem Winter flüchten Fledermäuse in Baumhöhlen oder in Felshöhlen. Dort halten sie ihren Winterschlaf.

Wie schläft eine Fledermaus?

Richtig! Mit ihren Hinterfüßen hält sie sich fest und schläft mit dem Kopf nach unten.

Was stimmt? Kreuze an!

- ☐ Fledermäuse sind fliegende Mäuse.
- ☐ Fledermäuse sind Vögel.
- ☐ Fledermäuse sind Säugetiere, die fliegen können.
- ☐ Fledermäuse gehen nachts auf die Jagd.
- ☐ Fledermäuse schlafen in der Nacht.
- ☐ Fledermäuse fressen Gras und Blätter.
- ☐ Fledermäuse sind Insektenfresser.
- ☐ Auch im Winter findet die Fledermaus genügend Futter.
- ☐ Im Winter schläft die Fledermaus in einer Höhle.
- ☐ Mit ihren Vorderfüßen hält sich die Fledermaus dabei fest.
- ☐ Fledermäuse schlafen mit dem Kopf nach unten.

Spinnen

A 1

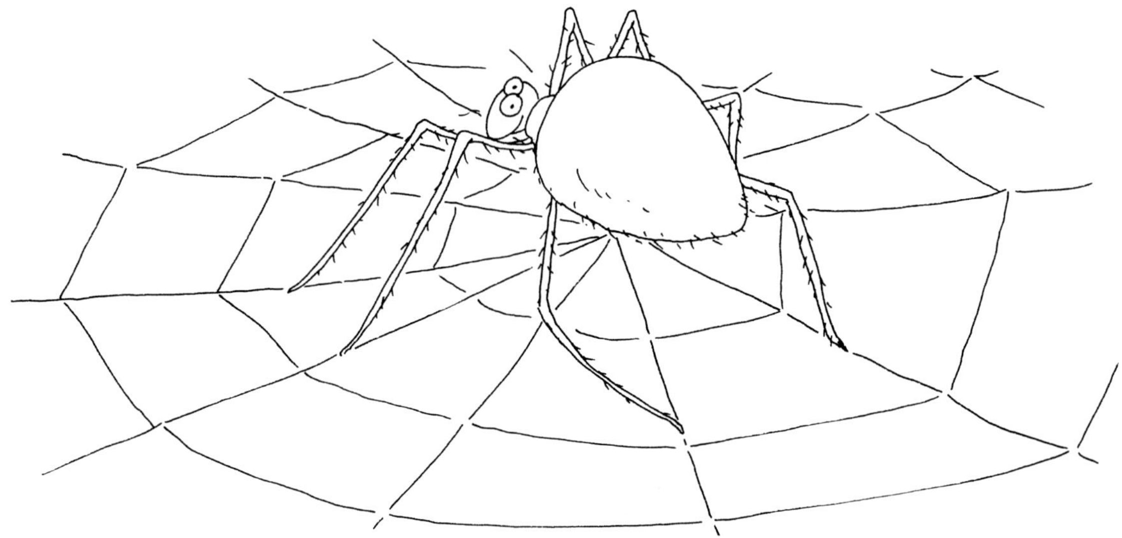

Viele Menschen glauben, dass Kreuzspinnen gefährlich sind.

Das stimmt natürlich nicht!

Aber Kreuzspinnen haben wirklich ein Kreuz auf ihrem Rücken.

Es ist weiß und sieht sehr hübsch aus.

Kreuzspinnen leben überall. Schaue genau hin!

Bestimmt kannst du diese schöne Spinne irgendwo bewundern.

 **Male!**

Kreuzspinnen sind hellbraun oder dunkelbraun.

Das Kreuz auf ihrem Hinterleib ist weiß.

Alle Spinnen haben acht Beine. Sind alle Beine da?

Im Netz hängt eine kleine Mücke.

Wenn du magst, kannst du als Hintergrund einen Wald

oder einen Garten malen.

Spinnen

Bei uns gibt es viele verschiedene Arten von Spinnen.

Zum Beispiel die Kreuzspinne, die Wasserspinne, die Hausspinne,

oder den Weberknecht.

Spinnen bauen verschiedene Netze.

Der Weberknecht aber baut kein Netz.

Alle Spinnen haben acht Beine.

Sie ernähren sich von Insekten.

Das sind zum Beispiel Mücken, Fliegen und Schmetterlinge.

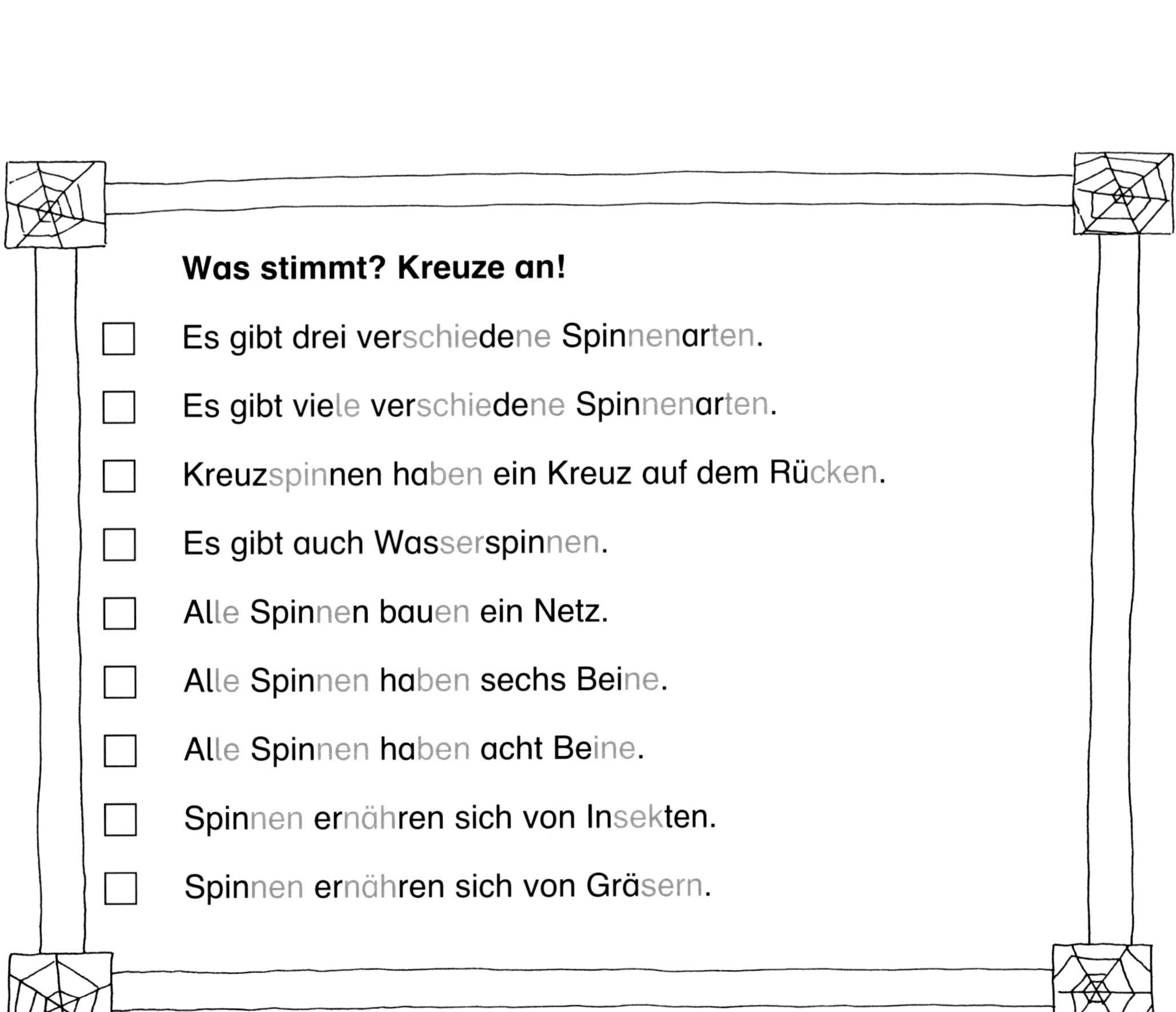

Was stimmt? Kreuze an!

- ☐ Es gibt drei verschiedene Spinnenarten.
- ☐ Es gibt viele verschiedene Spinnenarten.
- ☐ Kreuzspinnen haben ein Kreuz auf dem Rücken.
- ☐ Es gibt auch Wasserspinnen.
- ☐ Alle Spinnen bauen ein Netz.
- ☐ Alle Spinnen haben sechs Beine.
- ☐ Alle Spinnen haben acht Beine.
- ☐ Spinnen ernähren sich von Insekten.
- ☐ Spinnen ernähren sich von Gräsern.

Spinnen

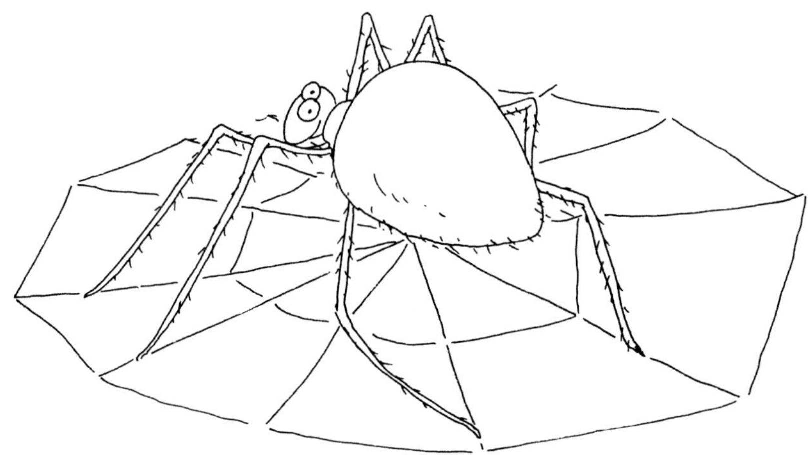

Viele Menschen glauben, dass Kreuzspinnen gefährlich sind. Das stimmt natürlich nicht! Aber Kreuzspinnen haben wirklich ein weißes Kreuz auf ihrem Rücken. Das Netz der Kreuzspinne ist ein wahres Kunstwerk! Es sieht aus wie ein Rad mit vielen Speichen. Kreuzspinnen leben überall: in Wäldern, Gärten, auf Wiesen und an Gebäuden. Schaue genau hin! Bestimmt kannst du diese schöne Spinne irgendwo beobachten und bewundern.

 **Male!**

Kreuzspinnen sind hellbraun oder dunkelbraun. Das Kreuz auf ihrem Hinterleib ist weiß. Alle Spinnen haben acht Beine. Sind alle Beine da?
Im klebrigen Netz hängt eine kleine Mücke.
Das Radnetz der Kreuzspinne ist noch nicht fertig! Zeichne noch weitere Fäden.
Wenn du magst, kannst du als Hintergrund einen Wald oder einen Garten malen.

Spinnen

Bei uns gibt es viele verschiedene Arten von Spinnen.

Zum Beispiel die Kreuzspinne, die Wasserspinne, die Hausspinne oder den langbeinigen Weberknecht.

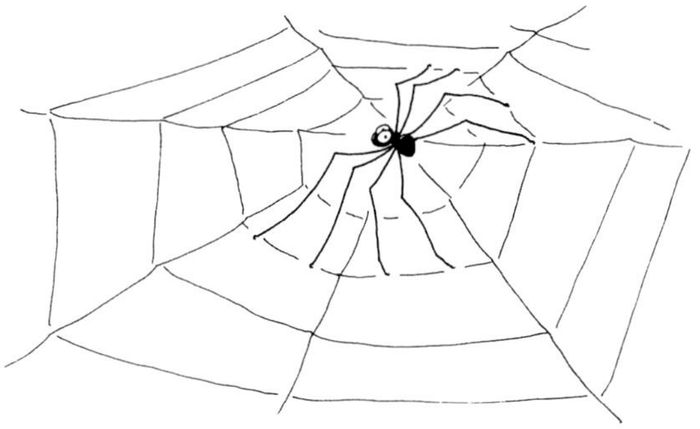

Spinnen bauen unterschiedliche Netze.

Der Weberknecht baut kein Netz.

Alle Spinnentiere haben acht Beine.

Zu den Spinnentieren gehören auch die Zecken und die Skorpione.

Spinnen ernähren sich von Insekten.

Also zum Beispiel von Mücken, Fliegen und Schmetterlingen.

Was stimmt? Kreuze an!

- ☐ Es gibt drei verschiedene Spinnenarten.
- ☐ Es gibt viele verschiedene Spinnenarten.
- ☐ Alle Spinnen bauen ein Netz.
- ☐ Der Weberknecht baut kein Netz.
- ☐ Alle Spinnentiere haben sechs Beine.
- ☐ Alle Spinnentiere haben acht Beine.
- ☐ Zecken und Skorpione sind Spinnentiere.
- ☐ Zecken und Skorpione haben acht Beine.
- ☐ Spinnen ernähren sich von Insekten.
- ☐ Spinnen ernähren sich von Gräsern und Früchten.

Ameisen

A 1

Waldameisen sind sehr nützlich.

Man nennt sie auch „Polizei des Waldes“.

Waldameisen fressen viele Schädlinge.

Sie stehen unter Naturschutz.

Sie dürfen also nicht getötet werden.

 **Male!**

Die Ameisen haben einen rötlichen Kopf und eine rötliche Brust.

Der Hinterleib ist schwarz.

Die Raupe ist grün. Der Ameisenhaufen ist hellbraun.

Möchtest du noch mehr Tiere und Pflanzen des Waldes malen?

Ameisen

Auf der Erde gibt es viele verschiedene Arten von Ameisen.

Viele tausend Ameisen leben in einem Staat zusammen.

Alleine könnte die Ameise nicht überleben.

Ameisen sind Insekten.

Wie alle Insekten haben sie sechs Beine.

Ameisen fressen viele Schädlinge.

Deshalb sind sie sehr nützlich.

Die Waldameise steht unter Naturschutz!

Deshalb darf man sie nicht töten und keine Ameisenhaufen zerstören.

Was stimmt? Kreuze an!

- ☐ Alle Ameisen sehen gleich aus.
- ☐ Es gibt verschiedene Arten von Ameisen.
- ☐ Ameisen leben alleine.
- ☐ Ameisen leben in einem Staat zusammen.
- ☐ Alle Insekten haben sechs Beine.
- ☐ Ameisen haben sieben Beine.
- ☐ Ameisen haben sechs Beine.
- ☐ Ameisen sind Schädlinge.
- ☐ Ameisen fressen Schädlinge und sind nützlich.
- ☐ Waldameisen stehen unter Naturschutz.

Ameisen

B 1

Waldameisen sind sehr nützliche Insekten.

Man nennt sie auch „Polizei des Waldes“, weil sie viele Schädlinge fressen.

Waldameisen stehen unter Naturschutz. Wer einen Ameisenhaufen zerstört, macht sich strafbar!

 **Male!**

Fünf Waldameisen schleppen eine Raupe zu ihrem Haufen.

Die Raupe ist grün mit bräunlichen Punkten.

Der Kopf und die Brust der Ameisen sind rötlich, der Hinterleib ist schwarz.

Der Ameisenhaufen ist hellbraun.

Wenn du magst, kannst du noch weitere Tiere und Pflanzen des Waldes dazu malen.

Ameisen

Auf der Erde gibt es mehrere tausend Arten von Ameisen.

Ameisen leben in einem Staat zusammen.

Hunderttausende, ja Millionen leben manchmal in einem Haufen zusammen. Allein, als Einzeltier könnte die Ameise nicht überleben. Ameisen gehören zu den Insekten.

Wie alle Insekten haben sie sechs Beine.

Am Kopf haben Ameisen kräftige Kieferzangen und zwei Fühler.

Mit ihnen kann die Ameise nicht nur tasten, sondern auch riechen.

Ameisen sind Allesfresser.

Weil sie viele Schädlinge vertilgen, sind sie sehr nützlich.

Die Waldameise steht unter Naturschutz!

Was stimmt? Kreuze an!

- ☐ Alle Ameisen sehen gleich aus.
- ☐ Es gibt verschiedene Arten von Ameisen.
- ☐ Die Ameise lebt als Einzeltier.
- ☐ Ameisen leben in einem Staat zusammen.
- ☐ Ameisen haben acht Beine.
- ☐ Ameisen haben sechs Beine.
- ☐ Ameisen können mit den Fühlern tasten und sehen.
- ☐ Ameisen können mit den Fühlern tasten und riechen.
- ☐ Ameisen sind Schädlinge.
- ☐ Ameisen fressen Schädlinge und sind deshalb nützlich.